U0129389

文學叢刊

楊鴻銘著

詩的聲音

文史哲出版社印行

國家圖書館出版品預行編目資料

詩的聲音 / 楊鴻銘著 . -- 初版 -- 臺北市：
文史哲, 民 109.07
頁;　公分（文學叢刊；424）
ISBN 978-986-314-516-5（平裝）

863.51　　109009760

文學叢刊 424

詩的聲音

著　者：楊鴻銘
出版者：文史哲出版社
http:// www.lapen.com.tw
e-mail：lapen@ms74.hinet.net
登記證字號：行政院新聞局版臺業字五三三七號
發行人：彭正雄
發行所：文史哲出版社
印刷者：文史哲出版社
臺北市羅斯福路一段七十二巷四號
郵政劃撥帳號：一六一八〇一七五
電話886-2-23511028・傳真886-2-23965656

定價新臺幣三五〇元

二〇二〇年（民一〇九）七月初版

著財權所有・侵權者必究
ISBN 978-986-314-516-5　10424

序

教書雖然也很盡責，但教書微薄的薪水，不足以在花費較高的臺北養家活口，於是接受出版社的邀請，把教書視為副業，而將寫書當做主業，沒想到匆匆的歲月一過就是三十三年。今年九月向梅娜提議，狠狠地讓自己放假兩個月，只做自己想做的事情。梅娜非常高興，心想這個每天都在桌前辛苦筆耕的農夫，種這種那，老是種一些別人想吃的作物；現在終於想通了，終於想種一些自己喜歡的東西了。

說好兩個月，其實從九月至十二月初，仍於天還未亮的清晨醒來，醒來時並不急著下床，因為只要眼睛一張開，腦海立刻浮現美麗的字句或今天要寫的題目，題目應該包含那些內容，內容可以從那個方向去寫，寫的時候必須融進那些意思，想定之後詩的字句就像已經架設的自來水，汩汩自腦中流了出來。半臥半起倚在床上，把身體橫趴於有點小距離的桌上，用傾斜的字跡將腦中的字句抄錄下來，抄完之後又回躺床上；一段起身一次，等全部完成才起床將詩謄寫。當然，也時常整首詩都想好了才起來。

因為記憶力一向很好，所以詩一完成，即於腦中盤旋；縱使不去在意，潛意識也會將不甚妥切的字句挑出，在走路、開車或休息的時候，突然自腦中浮現，使我不得不拿起筆來修改。應該一看再看、斟酌再斟酌的詩，從初稿到定稿，通常一天之內就能完成；定稿之後的詩一歸檔，新的意念又可以繼續成詩了。自今年梅娜生日的那一天開始，打字由我自己包辦；先打在line上傳給梅娜，梅娜再從電腦印出來。因為每首都標示日期與時間，所以這是一分很美好的記錄。遇有必須調整之處，立即修正，相同的情形一直反覆，直到定稿為止；在此誠摯感謝梅娜的幫忙！

只要拿起筆來，馬上置身於其景其境之中；寫作對我來說，是享受，而非負擔。寫自己喜歡的詩文，藉筆下的文字呈現當時的情景，將舊地再一次的重遊，這種經驗不但很美，也很幸福，尤其於長年忙碌之中暫時停格的現在！

謹識於臺北

詩的聲音

目　次

第一章　八行詩

一、雲

每天優雅地飄於天上
柔美的倩影很難說解
雖然妳一切都不在乎
我仍用最美的字描寫

如果妳願意前來拜訪
請妳穿上輕巧的木鞋
我將循著清亮的跫音
迫不及待地親自迎接

二、風

於山谷中吟嘯花草間呢喃
成天都在外頭閒晃
你不是漂泊天涯的浪者
你是遊唱大地的詩狂

沒有人等待的家最空
不知去向的路最長
但我知道不管身置何處
你總是在我近旁

三、山

時與空沒有距離
是與非無須爭議
鎮日只是悠然地坐著
從來就是常被提及的話題

雲在頭上撥弄嵐也縷縷升起
遠看渾然像個老生
然而不曾嫌累的讚嘆聲
彷彿陣陣微風

四、晨

魚肚色的空白
自夜已退熹陽未臨的間隙
切出一截蒼茫
橫於天際

時與空彷彿停歇
情與景猶未甦醒
即使只是一絲微弱的氣息
也會擾動大地原本的安寧

五、夜

只是一種顏色
卻把一切遮了
包含聲音
擁有整個世界的我呆呆地望著
在無盡幽暗的漆黑裡
眼睛無法瞧見的是與非
心看到了
是想像在飛

六、打招呼

早、早、早
每天見面例行的招呼
此起彼落
從又熟悉又陌生的口中發出

仍然昏沉的運動場上
只有空曠沒有你我
而飄蕩於空中的聲音
也匆匆地把寧靜帶過

第二章 十二行詩

一、花

霧經過時頑皮地把衣弄溼
風來了又輕輕地將裙撩起
在綠色的草坪上因爲有妳
空闊的大地才有美的氣息

匆匆走過的人匆匆地看著
再美的景也是空中的煙塵
百樣的人生有百般的情態
喧嘩的世界其實也很繽紛

將花纖柔的美感整個披露
樹上鮮碧的葉子用手拭拂
微吐的蕾含著青澀的矜持
彷彿當年的她再一次目睹

二、海

波湧波伏遵循既存的規則
潮起潮落有一定的時候
大家都說我難測
怎能教我接受

再大的船艦都能通過
再多的星星也可以在此閃爍
坦坦然然的心
每當風起更為遼闊

不明所以的人可悲
不被瞭解的人何必覺得辛苦
如果能像橫越天地的鷹
你就知道我的幸福

三、爬到樹上

陽光穿透茂密的綠葉
只在臉上篩下幾許星星
爬到有點高度的樹上
任清涼的風陣陣行經

樹上沒有迴旋的空間
卻有無窮的視野
躺在幾根扶疏的枝條上
這裡有最寬闊的世界

葉於梢頭上飄浮
人在地面下蹭蹬
如果風把樹木搖晃
我就彷彿雲端的天使無所不能

四、走在街上

彷彿一名不怕生的外國人
獨自走在街上逍遙自得
以從容的距離看匆忙的行人
街上的形形色色全都與我無涉

生活的尋常隨時上演
置身於其中而不陷入塵欄
好像隔著玻璃欣賞著櫥窗
旁觀的人與櫥窗的一切並不相干

住在都市而有抽離的感覺
不必介入卻能輕鬆地喜樂
每天離俗而非冷漠的停看聽
天是藍的風是涼的樹是綠的

五、遊唱詩人

山谷的回聲比原音還長
悠遠的意境隨著文字散布芬芳
何妨當個遊唱的詩人
在這月光仍然清朗的早上

不到伊人的窗前彈唱
而於空曠的草地開嗓
愛情的故事雖然歷久彌新
然而喜樂的生活才能動人心腸

甜美的歌聲不必太高
雋永的詩句不用太長
因為還有輕柔的微風
能將美好的聲音到處傳唱

六、熟悉的聲音

自遠處依稀傳來的聲音
像溫泉慢慢流進清冷的小河
穿透仍然昏暗的天色
將冷漠的空氣逐漸加熱

愈來愈接近也愈來愈清晰
有溫度的聲音輕輕盈盈
只是坐著就能熟悉的感受
滿窗都是親切的溫情

陣陣抑揚有致的聲音
是回憶是聯想還是憧憬的夢
它不是引導漁人歸航的燈塔
它也許只是一陣風

七、繽紛的頭髮

嫌人間的歡笑不多
感自然的顏色太少
於是頂著繽紛的頭髮
把浪漫隨處亂拋

春來是絢爛的花朵
秋臨則比楓紅更多彩
年輕的靈魂藏著一顆奔放的心
濃濃的風情每天都在頭上綻開

本色很美
然而樂於嘗試的人總是給人驚喜
就像蒼茫的晨空
自有一縷金光從雲間竄起

八、時間的痕跡

走在悠悠的時光裡
尋找時間的痕跡
我要在美好的記憶前佇足
即使平凡的生命也有太多的驚奇

生命是一座繽紛的花園
記憶是園中朵朵美麗的嬌顏
我想彎下腰來摘一朵昨日的玫瑰
別在今天的胸前

陽光以樹葉把整片的牆斑駁
海水以波浪在岩岸之上投影
如果時光的隧道也有出口
或許還能看到點點青春的光如星

九、活在聲音中

車水馬龍的路上有車的吵雜
人來人往的街道有人的噪聒
人聲車聲還有突然迸出的聲音
整個城市都在喧嘩

屋內的人希望暫得一絲寧靜
走出室外隨即放縱自己
家家彷彿有道魔法的大門
門裡門外的言行迴然而異

習於聲音的人不能沒有聲音
每天生活於聲音的都市人
如果只剩鳥啼與蟲鳴
他們可能害怕得想奪門

第三章　十六行詩

一、景

景有多少點
心就有多少片
把心切成千千萬萬片
只盼能將嚮往的景看遍

漸衰的體住著一顆年輕的心
年輕的心唯恐寄生的體漸衰漸老
每天拖著還能走能動的腳
到處遊遨

屋前的樹雖然翠綠
但在遠山的雲下早已轉黃
如果單用雙腳無法抵達
那就乘著想像的翅膀飛往

敞開的心足以容下所有想看的景
好奇的人則喜向文明的深處探險
我彷彿搜尋獵物的鷹
隨時都在大地之上流連

二、風聲

閉住耳朵
請風聲繼續飄行
美好的景物已經看太多了
就把這一點聲音留給大家聽

不要嫌它太樸素
它是大地的本色
好像街道狹縫的那朵小花
也有無窮的美麗擱著

好聽的聲音就是音樂
所有的樂音都源出於自然
蒼茫的稜線之上如有靈氣瀰漫
何不帶來山下將紛擾驅散

美麗的景物到處都有
然而嚮往總是指向遙遠的那一鄉
今晚且讓這一陣清寂的風聲
邀你一起遠颺

三、氣　息

是櫻花桂花還有玫瑰
含著香氣的微風陣陣吹來
站起身來想看個究竟
人文的氣息正在眼前搖擺

已經斑駁的牆透著幽幽的古意
巍峨的城堡閃耀著典雅的情態
如茵的碧草將如流的山坡綠化
一彎彎旋律則自堡內飄送過來

輕盈的音符恍如穿梭的蝴蝶
原野的芬芳在音樂聲裡欸乃
閉起眼睛只用心靈來感覺
濃郁的氛圍依然無所不在

沿著石階走進城堡展覽會場
牆上畫作將美麗的風景排開
人文的氣息偕著自然的香氣
一時齊在空中瀰漫開來

四、晨　月

懸於森林之上的明月
且讓我靜靜地陪伴妳
在這頗有寒意的早晨
為何妳還不回去家裡

是因昨晚狩獵太有趣
使妳對這裡深深著迷
還是夜下恬謐的原野
比冷漠的天上更美麗

人世之間的美景很多
何妨妳也來憑添一襲
但有時隱有時現的妳
多變的倩影始終不一

不見妳來巡訪的時候
整個大地顯然太清寂
張開雙手熱烈地歡迎
希望妳也能夠不嫌棄

五、泥土

行經柏油路上踩不到泥土
住在高樓那能於空中立足
窗前的盆栽只是移植的花朵
公園的地面只有一層薄薄的泥土

地球的表面就是人類的故鄉
人類於地球之上生活作息
地球的表面都是泥土
住在都市的人卻整天難以觸及

人們把故鄉叫做故土
故鄉從前大片的泥土那裡去了
沒有泥土的故鄉已經失去母親的氣息
失去母親的人還有什麼屋簷可以蔽遮

含著泥沙的風變乾淨了
有泥有土的自然大家爭先恐後
彷彿才剛過了昨天
親近泥土已經成為奢侈的享受

六、樂 活

——寫返歸自然的張子龍兄

任掉弄玄虛的風來了又去
任喜怒無常的雨下了又停
鎮日與天與地與自然為伍
光憑想像就有如夢的美景

栽松植桂人忙得隨心所欲
窺東瞧西審視大地的吞吐
人生如有值得嘗試的事情
那就是蹲下身來玩玩泥土

沒有人為的嫌隙重重阻隔
無遮的視野可以大大方方

遠在明天的憧憬何必在意
腳下的原野即已令人迷航

坎坷走遍前有一路的坎坷
滄桑歷盡還有更多的滄桑
曾經躍居船首乘風破浪者
如今悠然笑看天際的蒼茫

七、路燈

夜已經這麼深了
為何還獨自在這裡站著
是心中有所期待
還是需要你的人太多了

沒有皎潔的月明亮
卻如火把一樣的高舉
一盞暈黃的路燈
孤懸於鄉間的一隅

像耶誕夜清亮的鈴聲
散播洋溢溫暖的聲光
仍於暗夜奔走的夜行者
遠遠就能瞧見一座熱情的村莊

只是一盞並不起眼的燈
卻將無限溫馨的火燃點
然而誰曾抬起頭來
給它匆匆的一眼

八、斷　橋

被風雨坍圮的橋
橫躺於依然濺濺的小溪上
不見遭人遺棄的不平
只有歲不我與的感傷

車水馬龍的風光不再
三三兩兩的遊者反而絡繹不絕
叢聚的苔蘚於橋上撒野
古舊的美感則在眼前隱隱約約

四時遞轉功成自去是自然的法則
惋惜緬懷才是一般的常情
美好的昨日也許短暫
但一句話一朵花都是愉悅的曾經

飽嚐冷暖的橋雖然斷了
點點滴滴的從前還是可以目睹
何況久經醞釀的幽情
正從橋上淡淡地緩緩地溢出

華文現代詩23期、二〇一九年十一月

九、斷崖

無遮無攔的視野可以無限擁有
有山有谷的大地就在人的眼底
此刻不許小鳥出聲
只准幾朵白雲飄來這裡

樹木再大也僅高與崖齊
腳下的碧草卻沒有邊線
點點的梢頭有如小小的樹苗
恰與腳旁的碧草一起綿延

蔚藍把渾圓的天塗繪
翠綠則將整座原野覆蓋
天與地之間空無一物
只有幾陣山風吹了過來

沒有路的地方才顯得寬闊
陽光不強的時候看得特別遠
獨在離地千丈的斷崖之上站著
蠢蠢欲動的心頻向崖緣

一〇、看星星

趁著明月輪休的夜晚
獨在海上划行
我不是抓魚的漁人
我是來看天上的星

彗星的行蹤飄忽
獵戶星座冬天才會來填補
就從眼前這顆最亮的星開始
逐一把你看個清楚

誰知道不甘寂寞的風又來了
把星吹得躲躲閃閃
還有那粗魯的漁火
也在海上隨著冷風東飄西顫

我把網撒向空中
天上的星全部掉進網裡
伸出手來把星捧取
閃爍的星一個個都在我的眼底

一一、喝咖啡

裊裊的煙自杯面繚繚升起
彷彿一朵正在綻放的花
花愈開愈大
最後暈成一幅輕描淡寫的水彩畫

是筆所蘸的顏料太淺
還是畫者選用的紙太白
煙在空中逐漸散去
畫裡只剩幾縷若有似無的色彩

若有似無的色飄著濃濃郁郁的香
香在想像之中不停地渲染
不一樣的人不一樣的景不一樣的氣息
待回過頭來時間已經過了大半

低下頭來檢視杯子
杯裡的玫瑰還在
原來剛才飛走的不是花
是不安分的靈魂從身上迸了出來

一二、飲酒歌

——王輝雄兄一年一次的啤酒盛會

一聲聲不一定對著你的招呼
一句句不知道在講什麼的話
一杯杯不用探求歷史的啤酒
齊於醺然的醉意裡放情喧嘩

是長久等待驟然得償的狂喜
或仗恃你熟我稔輕縱的失態
嚴肅的面具一個個鬆脫下來
已塵封的天真霎時爆裂開來

如果生命是一趟單程的旅途
人又何必匆忙地想把路趕完

倡言樂享人生饗宴的人很多
誰能像你像我敞開心來同歡

路德維希的得意與惆悵不管
巴伐利亞的榮耀於杯中甦醒
舉起這杯泛著金色光芒的酒
親情友情愛情是最美的風景

華文現代詩23期、二〇一九年十一月

一三、冬至夜

——給梅娜

距離破曉的時候還早
就讓車子慢慢地閒逛
兩人的世界什麼都有
狹窄的車內無限寬廣

長長的路在長長的夜下延展
漫遊的人於漆暗的夜裡玩賞
已經用一輩子的生命瞭解了
但妳的情意比冬至的夜還長

如果妳是不發一語的星星
我可以想見輕聲細語的妳

如果妳是躲在雲後的月亮
我能夠感受妳優雅的美麗

再漫長的夜也嫌太短
再遙遠的路也嫌太近
妳是照亮黑夜的前燈
有妳處處清朗又歡欣

一四、不一樣

如果玫瑰沒有刺
玫瑰即與一般的花朵相仿
如果候鳥不遷徙
候鳥只能伴著麻雀一起窮嚷

只是平凡的得過且過
生活可能會很尋常
唯有瞬間掠過天際的彗星
才能使你我的眼睛閃出光芒

所謂的簡單自有一定的品味
絕非一無所長
雖然僅是一株不起眼的小草
也由於草尖的露珠而值得欣賞

我願在萬千的日子裡衷心守護
只為妳那風雨之中依然微笑的臉龐
即使因妳而抹去一切的既有
我也不會感傷

一五、閒不住

——寫一位依然年輕的朋友：王輝雄兄

已經退休的人還是閒不住
閒不住的人住不了您閒的家
每天仍在外面東奔西跑
希望能夠重新上架

運轉起來完美如新
機器卻已經逾越使用的年限
難道只因人為畫下的這一道線
就得捨棄並未報廢的機件

如果舊葉新葉一起留在枝條上
樹木應該會更翠綠

樹被列為神木無損於它的挺拔
誰說人一退休能力馬上會失去

伏櫪的老驥也許真的老了
但年輕的心仍然住在這裡
我想我要我還能夠
唯獨一頭白髮早已隨風飄逸

一六、叫賣聲

是懇求還是乞求
實在很難清楚分判
此起彼落的叫賣聲
沿著大街小巷時斷時續地喊

叫賣的聲音飄上空中
又像落葉一樣地跌散
叫賣一聲聲，落葉一片片
叫賣聲中的秋已經過了大半

當楓紅熊熊燃起
大家都對繽紛的秋禮讚
然而長期困在秋裡的人
生活何處可攀

如果人人都能歡樂地豐收
秋臨就是大家的期盼
四季如春的地方也許還有
但有誰知道要在那裡靠岸

一七、自然之歌

當翠綠為整片森林換上春裝
山上草木仍然瑟縮於寒冬裡
當玫瑰枝頭還頂著豔紅花朵
高地雛菊的芬芳已隨風遠離

是那一支筆沾錯繪畫的顏料
是那一隻手弄亂正常的視野
雖然未乘坐童話的南瓜馬車
眼前卻像身處於夢幻的午夜

春夏秋冬的美依序同時展出
各帶的景觀大方地一字排開
為何溫度必須隨著高度遞減
然而遞減卻使山野繽紛起來

我想放聲高唱一曲大地之歌
讓山谷將讚頌歌聲傳到天邊
我想寫一首吟詠自然的詩篇
將美麗字句灑向喜愛的人間

一八、民謠詩組

1. 民謠

羅夢湖邊的淒迷
羅列萊崖岸上的哀怨
在時間的長河中飄盪
在多愁善感的心湖裡盤旋

口耳相傳的故事
也許淪為以訛傳訛的臆測
但唱入人心的傳說
則能淨化而成美妙的歌

經過文明的淘洗譜成歌曲
才能表達人類美好的情操

如果只是坐地呼號
可能再度陷入痛苦的泥沼

魂斷藍橋是蘇格蘭堅定的友誼
史卡博羅市集則是英吉利對愛情的誓盟
各國的民情都在民謠中輕輕傳唱
各人的情感都能自民謠唱出幽邃的心聲

2. 羅夢湖

從斑斑足跡的歷史大道
折入幽幽古意的軼事長廊
舉一杯石蘭泥炭釀造的威士忌
優雅地在湖邊淺斟低唱

碧波蕩漾的湖上
遍尋不著沉入湖底的恨
多情的眼彷彿粼粼閃動的波

日夜守候的湖畔如今空無一人
多少絕對不再在乎了
多少偉大風輕雲淡了
經過時間沉澱的往事
早已褪去乖隔兩地的苦澀

把掉在地上的記憶撿起
任淒迷的傳說於心中繾綣
漫無邊際的思緒與蘇格蘭高地的從前
一樣悠遠

3. 羅列萊

如果春風能將冬天趕走
為何吹在身上如此的冰冷
如果愛能使情操昇華
為何必須忍受生離死別的悲疼

滿懷的愛有如漲潮的海水
漲潮的海水一年又一年
然而信誓旦旦的盟約
原來只是隨口說說的謊言

隔著時間的距離
美麗的傳說伴著悲劇低回
於是萊茵河崖岸的巨岩上
每天都有悅耳的歌聲葳蕤

金色的長髮在陽光之下閃耀
悅耳的歌聲隨著悠悠的河水悠揚
一則旅者必然遊唱的故事
隨時都能引起淒美的遐想

4. 義大利民謠

像微微的風輕輕地吹過草原
像潺潺的水暢快地流經溪谷
乘著美麗風情的歌
每天都在各地的絃上起舞

柔美的旋律未曾休止
甜潤的人聲閃著明亮的光澤
是自古一路綿延的心情
也是地中海開朗的本色

沒有候鳥遷徙的儼整
只見隨興的蝴蝶在飛
滿園的花朵滿天的蝴蝶
好聽的歌曲隨時相伴相陪

可愛的陽光拂照著葡萄遍植的大地
期待歸來的海灣有痴情的倩影佇立
高歌一曲深情的歌
且把活在當下的苦悶忘記

羅馬帝國的輝煌雖已過去
義大利的民謠卻統治整個世界
撐一支長篙在威尼斯優雅的河上划著
河面散落的歌聲早已歪歪斜斜

一九、飛向蔚藍

承載人類的船太沉重了
怎能隨風飄盪
船中存放的東西太多了
如何乘風破浪

如果大船無法自在地開航
那就卸下心中的重擔
減輕翅膀的負擔
浮於輕薄的霧上飛向蔚藍

鑑往只能瞧見一棟棟破敗的宮殿
知來只會看到一幕幕海上的蜃樓
遙遠的天際其實整片都是空白
悠閒的情自然會於此地邂逅

有來有往的人生有苦也有樂
漫漫的長路到處都有迷人的花朵
縱使風狂雨驟的夜晚
也有絕美的閃電畫過

二〇、隨風輕颺

站在崖上隨著浪遊的風輕颺
翹首遠天招來無根的雲婆娑
遼闊的景無遮不必東張西望
若無其事的嵐正在眼前蹉跎

草木才甦醒的慵懶依稀可見
潔淨的山野應是霜露的傑作
寧謐的大地沒有其他的動靜
只有叫喚晨陽的鳥囀聲跌落

森林的氣息氳氳著無拘的想
翡翠的綠把生命的喜悅穿梭
趁著夜已退天色未亮的空寂
舉一杯久釀的孤獨細細品酌

自然多看一眼眷戀就增一分
空氣多吸一口情操就添一著
在層巒疊翠了無人煙的峰頂
人的意義似乎可以重新詮說

華文現代詩23期、二〇一九年十一月

二二、只是坐著

打開眼睛讓雲彩飄浮
舉起耳朵把風聲收攬
無端的情緒沒有
綠已將時空填滿

一仄小徑一壑幽谷就是一切
一句鳥語一抹花香都能著痕
超出預期的成果最樂
無意瞧見的美景最真

簡單的呼吸即可感覺生命的律動
潺湲的溪水足以洗去滿身的坎坷
當漆黑的幕把暗夜遮掩
夜鶯就會清唱甜美的歌

看山看雲也看看自己
無可不可地只是坐著
任輕柔的微風徐徐吹拂
任金黃的陽光緩緩褪色

華文現代詩23期、二〇一九年十一月

二二、躲至雨後

斜風細雨輕輕地飄著
柔軟如毛又綿密如織的網裡
我願佇立於孤寂的馬路上
等妳

也許風來大地狂掃
雨被吹得大街小巷亂跑
我會拉開寬敞的大衣
把妳隔開一切的喧擾

如果可以選擇
當雨於風中婆娑而風在雨裡起舞
只消一隅屋角
就足以逍遙一個寧靜的下午

我並不害怕被雨淋溼
但置身於雨中就無法欣賞雨景
唯有躲至雨後
才能看見表演正在進行

二三、田間小徑

田野雜草叢聚的小徑
彷彿一條蜿蜒的小河
河裡沒有清澈的河水
聽憑來訪者東走西涉

雜草愈長愈高的小徑
像山谷在峰巒間綿亙
狹長的谷地片綠不生
直向化外的淨土延伸

愈走愈窄草愈長愈高
小徑恰如幽暗的隧道
這是自然留下的縫隙
只准有心人前來打擾

只是田間普通的小徑
就能給人美好的想像
如果躺在柔軟的草地
世界應該也會不一樣

二四、落磯山脈

將大地的雨水全部收攬
以皎白的雪盤踞於山坡
只等煦暖的春陽一綻
馬上注滿千個百個美麗的湖泊

人在山中立即入畫
走出畫外竟已痴迷
療癒痴迷唯一的方法
就是趕快再來這裡

雄偉的山並不把人拒絕
飽滿的湖張力十足
如果湖面可以踩踏
旅者一定舉足爭睹

想像很美
走入想像之中則是夢
輕輕推開城堡飯店的窗
一幅油彩突然飛來相贈

二五、山中歲月

因為寧靜
漫漫的長夜顯得更為散漫
人在散漫的山裡
一切都是不夠真實的暫

起得很晚的太陽
必須爬過山頭才能照到邊坡
而短促的白日不待彩霞滿天
即已在另一座西邊的山巔隱沒

由於上午與下午的界限模糊
山中的時間不再以小時來看
時間彷彿即將故障的古鐘
短促的白天其實也走得很慢

在短得很長又長得很短的山上
時間可以自己作主
想看這一株松多久就多久
想對著那一座遠山高呼就高呼

二六、也是感動

置身於梵谷名畫真實的景中
以畫家的眼在普羅旺斯的大地流連
今與昔瞬間重疊
人也走入了從前

坐在憧憬已久的萊茵河畔
伸出顫抖的指尖觸碰
海涅澎湃的詩情清晰可感
而遠古的傳說則於心上怦然欲迸

穿過維也納此起彼落的人聲諦聽
踩著貝多芬散步的森林小徑尋覓
嘈雜的聲音沒了
旋律已自樂聖的指揮棒上悠揚響起

熟悉的人在意外的地方巧遇是欣喜
長盼的事物得以親眼目睹是慶幸
旅遊不是短暫的曾經
而是永駐心頭的風景

二七、就是傳奇

——寫走出格局的張春梵教授

混沌與統整嚴肅的學理
蓄而未發又蓄勢待發地流轉自如
本著二進法逢二進位明確的精神
到位且俐落地在拳中舉手投足

當恆動的慣性綿綿不絕時
力的感覺已在運動定律之下蠢蠢動著
但獨到的領會卻把反作用的力道全化於無形
原來牛頓與萊布尼茲都在他的身上體現了

走出時光才能看見時間
劍於時間的點與點之間荏苒

彷彿一彎彎優美的旋律
已將所有的空隙填滿

足以化應萬方的規則難尋
身體才是對或錯唯一的仲裁
迷信權威只會在誰說誰講之中迷失自己
而出以象外得其環中的傳奇已經蔓延開來

二八、繆思的使者

天真的小孩隨口說說
可能就是最好的觸發
疑惑的朋友煞有介事地問
即為進入題材的關卡

如想採摘樹下的莓菓
必須尋得穿越森林的祕徑
在又廣闊又陰暗的森林裡
誰能偶然地幸運地行經

匆匆忙忙的人無暇注意
習以為常的人並不覺得稀奇
人在匆忙與習常的慣性之中
或者需要繆思的使者提及

思想可以爲所欲為地飛
然而應該停在何處才是重點
也許只是一句並不經意的閒聊
就能直向繆思領地的詩田

二九、走在季節裡

河裡的水總是推陳出新
時間隨時呈現不同的色彩
熟悉的日出日落也許不足為奇
但天際的雲霞一定幻化異樣的丰采

春寒料峭的時候就該醒了
楓紅了誰還留戀盛夏的那一片綠
大地的律動只能感覺而不能明說
就算野花也可以分享無限的歡愉

去溪邊掬一捧清水濯洗可憎的面目
到山上邀一陣輕風逃出久縶的俗習
昨日的黃花已在昨天綻放過了
今晨的鶯啼比起以往更神奇

一成不變的世界每天都在演化
千篇一律的生活還有更多的可能
只要明朗的陽光依舊
何苦獨守於陰暗的角落發愣

三〇、遲到的春天

窄得如削如割的小徑
不是路而是脊
溪流不見而林木也已遷徙
孕育整個冬天的綠依然無聲無息

蔚藍的天空藏著最多的顏色
萬籟俱寂時什麼聲音都有
厚實的草下應有蓬勃的生命
但幼苗掙破地殼還要等多久

枯黃的草原一片純淨
黃得有點迷茫的景色如秋
在這季節彷彿停滯的稜線之上
連善變的時空也從容地逗留

過午的陽光還是炎熱
但薄霧已從四面升起
走下山來回到熟悉的世界
原來春天早已在這裡

三一、過午的太陽

以記憶尋找昨天的臉孔
以印象拼湊模糊的形影
像從滿地泛紅的落葉
想見猶在枝頭飄搖的情景

曾經廉價的青春，如今高不可攀
自言遙不可及的年歲，倏在跟前
來去匆匆的時光兀自匆匆
原本幼小的樹苗則已拔地擎天

如果年輕是幸福的承諾
圓融可以視為秋熟的歡樂
並不完美的世界卻很美麗
過午的太陽其實還可以發光發熱

太陽不因長期付出而顯得厭倦
大地不因歷盡滄桑而拒絕承載
即使寒霜罩頂的季節
樹仍以繽紛的葉綻放風采

三二、天冷的時候

冷冷的天氣很適合思考
為何有人還在大聲地喧嚷
思緒如火鎮日炙燒
過量使用的頭腦可能會受傷

想聯想想像之外又加上胡思亂想
頭腦隨時處於開機的狀態
好像參加一場距離無限的馬拉松
誰能無恙地完成競賽

乾涸的河無法將船浮起
湍急的水卻可能把船妨礙
紛雜的思緒猶如超重的貨品
比拳還小的頭腦怎能費力地承載

保持一定的水位使船得以航行
清除多餘的想法讓思考暢通
何不趁這天冷的時候
把緊繃的頭腦放鬆

三三、不只是落葉

趁打掃的人還沒就位
特地起個大早
因為昨晚掉在地上的落葉
正以迷人的笑靨向人問好

有淺淺的黃有深深的褐
是一地已漸轉紅的秋橫躺
隨意的色正以印象派的想像塗彩
誰能忍心把它掃到路旁

如果風起
飄飛的葉則於空中游移
片片的落由上而下紛紛繁繁
恰似聖誕的歡樂聲滿天洋溢

時間會把美感提煉
而空間能將所有的美張揚
刻意的景只能滿足一時的好奇
一隅藍天一朵白雲都能教人自在地飛翔

三四、固定的位置

站在固定的位置上運動
相同的動作每次一定要完成
不是有誰規定必須這樣做
而是個人自信的表徵

有時輕柔有時冷峻的風照例吹拂
成瀑又成海的雲隨時都在爛漫
如果將眼拋向東邊的天際
冬晨的天空淺橘已經取代了水藍

看枯黃的枝條逐漸欣欣向榮
聽禽鳥的啼聲由樹梢移向天邊
每當林木的葉開始飄零
美麗的秋紅就來到了面前

值得往遊的地方很多
看山看海看過自然的美景之後
何妨站在固定的位置上
每天都會有很美的感受

三五、寧靜的小漁港

整夜都在海裡張羅的魚網
垂掛於長長的杆上舒筋展骨
得到滿足魚獲的漁人
也許正於夢中洋洋躊躇

出航依依的場景已被視訊取代
得知歸來的歡樂何須等待
現今的文明中沒有突來的驚喜
唯獨莫測的大海仍然費人疑猜

足以使浪騰湧的風停了
被繩索牽絆的漁船無從遠遁
漁船隨著律動的潮水起伏
彷彿船裡住著一顆不安分的靈魂

空氣中依舊瀰漫著濃濃的腥味
悠揚的船笛聲還是依稀響著
眼前這個似乎停滯的漁港
連嬉鬧的小孩也上學去了

三六、山中的聖誕節

應該感受不到人間的節慶吧
在這麼偏遠的地方
誰知道一顆顆彩色的燈球偎著山勢起伏
一株株現成的聖誕樹就在路的兩旁

村人用他們的愛把樹裝飾
又以熱烈的情歡迎客人到訪
關不住的笑聲從窗隙溜出
而相聚的溫馨則在屋中迴蕩

簡單的樂器響起歡樂的旋律
雪地的皎白映出天真的胸懷
古舊的街燈使人走進古老的世紀中
四周的森林又把人隔絕於塵世之外

感恩是大家共同的語言
祈禱是人們一起想做的事情
即使散在各地的候鳥也定時返航了
人間到處都有溫情

三七、遞啤酒的女孩

哨聲響起趕快把路讓出來
滿滿的啤酒十大杯兩手拿著
馬上遞給已經渴盼一年的人們
解渴

開朗的笑容映在啤酒杯上
笑出一片片陽光
十個啤酒杯十道璀璨的光芒
啤酒會上到處金碧輝煌

冰涼的酒已被傳遞的情溫熱
而歡樂的氣氛則於空中交錯
擠滿笑聲的巴伐利亞都是人潮
還有幾條美麗的河在穿梭

有河經過的花朵自然嫣紅
一朵朵嫣紅的花一雙雙迷醉的眼
連跌跌撞撞的風也捨不得離去
為何慕尼黑一年才有一次啤酒的歡筵

三八、住在詩中的房子

——寫一座日式的宿舍

恬靜的宿舍沒有多餘的色彩
盎然的古意在牆上到處攀爬
匆匆的時光雖然無情的剝蝕
有心的人還是使它容光煥發

從前的風華已在巷弄中隱翳
人文的氣息正於庭院裡搖晃
風霜雨雪曾經把它整個蒙塵
參天古木則灑下亮麗的陽光

美麗的哀愁已經雲淡風輕了
雀躍詩情怎能只是輕描淡寫

不一樣的人擁有相同的美感
相同的美卻有不一樣的說解

歷史只是停格並未長期駐留
滄桑只會淬煉無法把它消滅
走過歲月的人可以盡情感傷
但美的事物卻永遠都在跟前

華文現代詩23期、二〇一九年十一月

第四章　十八行詩

一、走　過

撿起一片落葉
將斑駁的時光捧在手上
只有感覺沒有感傷
爪狀的葉子完好如常
只是顏色變了
有誰願意把它珍藏

轉黃的葉子儘管凋零
新的綠隨即逕自成景
轉眼的過往雖然匆促

腳踩的足跡卻也鮮明
葉子枯就枯了，何妨
還有天際的白雲伴人同行

有花有草的世界每天繽紛
即使落葉滿地也美不自勝
背起行囊悄悄地自我放逐
去吹沒有吹過的風
去看沒有看過的景
去聽沒有聽過的聲

二、早到

不等東風吹拂的春花儘管豔麗
瑟縮於冬的人們那有餘情欣賞
不按時間洩洪的水庫
慌亂手腳的遊客無處躲藏
迫不及待也許是深切的渴盼
也可能是對自己未必信賴的預防

自然不因楓紅而縮短夏天的長度
水庫不能由於一時的景觀而提前開啟
沒有依序更迭的四季
那有景景轉換的欣喜
如果不依規則運行
怎能按時瞧見壯闊的驚奇

唯恐遲到就得自我提醒
以免大搖大擺的時光迎面而過
害怕錯過則應加快腳步
有用的時間不宜蹉跎
時間即是生命
何必提早時間來揮霍

三、夜　空

沒有感覺的感覺卻很真實
不見形影的形影就在眼前
夜，來了
任輕薄的夾克蹁躚
從已被填實的時間撮取幾許空白
獨在離塵的近海擱淺

且漂且浮的在空闊的海上漂浮
又蕩又漾的於寧靜的水面蕩漾
急急追逐的浪濤遠在天際
汲汲覓食的鷗鳥早已打烊
這裡只有燦爛的星光
沒有多餘的幻想

今晚的星空是梵谷筆下的畫布
燦爛的星光則於普契尼的譜上閃爍
拿起一截詩句輕輕敲打
伴著旋律把美品啜
不勞陣陣的海風呢喃陳年的故事
不待湧動的水流又提遠古的傳說

四、休　止

音符是時間的長度
休止符是音節的間隙
休止可以表達情感
暫停才能使樂音伶俐
聲音的高低加上時間的長短
美妙的音樂就能在空中披靡

再悠揚的曲子也必須抑揚
再圓滑的旋律也不能一路到底
休止時可以展現炫麗的技巧
工作之餘得以嘗試各種遊戲
好像高空跳水的選手
只要算好水面與跳臺的距離

太短顯得倉促太長使人慵懶
它只是暫停而非放棄
一個看似不起眼的休止符
其實正是一切美好的動力
如想在枝葉之間享受舒適的陽光
縫隙剛好才能使人快意

五、旅　遊

一樣清澈的小溪旁有成群的綿羊
綿延而成一新視野的美麗
一樣幽靜的小徑上有詩人的足跡
循著足跡機趣的名句都在這裡
一樣璀璨的星光下有起伏的湖水
律動的節奏彷彿大地的生息

捕捉眼前的景
聆聽耳際的鐘
拎著敞開的心情去碰觸去遊玩
體會文化已經文明陶染的雍容
即使是那毫不經意的一瞥
也足以將沉睡的靈魂悸動

像鳥飛在優雅的森林而不用顧慮
像魚游於潔淨的水域而沒有負擔
陌生的國度藏著無限的驚喜
盡情融入才能全面的訪探
澳洲巨石的震懾值得見證
而北歐極光的欣賞其實也不難

六、拾穗

以雙手而不用鎌刀
隔著有與無的距離
將遺落田中的稻穗
像黃金一樣地撿起
也是一支秋收的隊伍
遠遠跟著收割的田家迤邐

稻田有如廣漠的銀河
稻穗則像閃過天際的流星
不是對著流星許願
而是把願望綁成一束束長纓
一穗一個喜悅
撿拾的人如影隨形

吵雜的機器中有歡笑的聲音
拾穗者卻只剩專注的眼神
他們不是到處啄食的麻雀
他們是一群辛苦的尋寶人
當收割的人們都回去了
田野中還看得到疲憊的他們

七、爲什麼

好看的色寥若星辰
好聽的聲不再吐露
講好話的人也無蹤無影
貧瘠的人們什麼都夠
獨獨少了應該常掛臉上的笑容
連和樂的氣氛也早已遺漏

冬季水淺的上游蕨類正在河面作畫
冰雪覆蓋的大地自有純粹的美感
原野的小花可能是鏡頭之下的焦點
從不明白還有缺憾的自然
總是以最美的面目呈現
為何人間的笑聲變得如此稀罕

蔚藍的晴空當然會有燦爛的陽光
扶疏的森林綠意一定盎然
卓別林不發一語大家都能體會
字句並不瞭解愛恩斯坦卻已備受讚嘆
本來不必言說即能心意相通的世界
如今似乎已被太多的心思佔滿

八、哲學家

也許不是人們不想瞭解你
而是你氣荒蕪的土地無法深耕
你執拗地在原野放言高論
像一陣不甘寂寞的風
乍看草木沒有什麼改變
其實新芽已經開始萌生

有人的地方就有不同的意見
意見彷佛空中的氣泡喧騰搖擺
只有經得起考驗的氣泡
才能綻放五色的光彩
五彩的氣泡雖然美麗
總要有人引導他們抬起頭來

傳教士在街上的吶喊未必理睬
即使上帝現身人們也不見得注目
雖然只過千篇一律的生活
只走平常都走的道路
然而一旦風起
人們還是會想添加一件衣服

九、回憶之美

從路上撿拾一顆記憶
就以小火慢慢燉煮
只許加入鹽巴提味
將往事的甜汁整個釋出
至於嗆辣的薑片最好避免
因爲有波有浪的日子已經夠辛苦

一直向前的人很少回頭
只有停下腳步時才會黯然神傷
走多少路爬幾座山自己心裡有數
堅持多久成就如何早已條列成行
唯獨行經途中的點點花絮
才能煮出這鍋清湯

說它甜其實還是有些酸澀
也因這些酸澀才使往事餘韻連連
沖一杯咖啡讓香氣在消逝的時空裡繚繞
啜一口茗茶溫潤乾枯的心田
蘇格蘭的奶酥維也納的沙赫且擺一旁
這裡已有最甜美的糕點

一〇、小河即景

早晨的河畔是歡樂的場所
大家彷彿相約似地都來洗衣服
隨著漩渦旋轉
又跟著水流起伏
在有點速度的小河上
白色的泡沫猶如雲在飄浮

不是投映水中的倒影
而是天上的雲於水面漂泊
談笑的聲音無法把它吵走
用力的槌打也不能將它擊破
愈多的皂沫愈多的雲彩
朵朵白色的雲彩正在水面散播

朵朵白雲是朵朵皎潔的花
花在岸旁綻放如蓮
又聚於水中再度成雲
河被大片大片的雲遮掩
蒼茫的水面浮著迷濛的心情
直到匆匆流過眼前

一一、把眼拋擲

使花怒放的春神才剛離開
將綠渲染的夏陽則已輕挪
當秋天的楓紅再次燃起時
皚皚的冬雪彷彿即將大作
只要不甚經意地抬起頭來
相續相從的美景何待言說

美景如能吞噬就不要保留
因爲吞噬才能痛快地歡暢
自然如能咀嚼就不應囫圇
因為咀嚼才能用心地品賞
不必多情獨鍾更無須貪婪
但美的事物豈可只是淺嚐

鬆開人海不斷划行的雙手
暫離周遭無從逃脫的繁忙
把眼拋擲重拾久違的美感
把情溫熱啜飲遺忘的芬芳
曾經的失落早已成為曾經
喧嚷的世界何必隨著喧嚷

一二、賣一個故事

做工精巧的蜂巢儘管漂亮
如果沒有甜美的蜜相誇
人們怎麼會特別地在意
線條簡潔的餐廳並不奢華
大家卻有一探究竟地好奇
只因傳頌一則膾炙人口的佳話

有時以有趣的歷史引起話題
有時將淒美的傳說娓娓細說
尋找從前的人只為一點依稀的熟悉
而無心的渲染則將主題隨意地攪和
本來並不怎麼樣的地方
已經成為大家相約的場所

只賣一個故事
故事之中又加入各自的標榜
真與假在這裡無限地交揉
故事喜逢甘霖似地不停滋長
眼前這條清淺的小溪
轉眼竟已浩浩湯湯

一三、灰白的頭髮

走在天色蒼茫的早晨裡
迷濛的霧氣拂醒了惺忪的眼
滴落的露珠潤溼了乾枯的髮
頭上這片長期缺水的髮田
形如逐漸綻開的蘆葦
即將白遍

如果秋天是繽紛的季節
為何獨獨頭髮愈來愈白
如果皎潔是可貴的本色
人對著遍地的金黃豈會笑逐顏開
也許灰與白相間的頭髮
也是秋天美麗的色彩

花朵一定經過辛苦的孕育
荏苒的時光消逝並不突然
驀然瞧見自己已非的面目
應該也是一種美感
且讓這還不算太少的頭髮
迎著即將放晴的陽光熠熠閃閃

一四、嘹亮的笑聲

是空氣將笑聲傳導
還是笑聲把空氣震盪
人在天還未亮的早晨游走
頭緒已被熟悉的笑聲清場
一個嘹亮的笑聲
每天笑開大地的蒼茫

彷彿起自四面八方的笑聲
不慌不忙地綻放歡樂的色彩
笑聲隨著飄忽的行蹤忽左忽右
大家在飄忽的笑聲裡隨意搖擺
還算空曠的運動場上
隨時都有笑聲傳過來

自己跟著別人的笑聲笑
笑又在自己的笑聲裡漫溢
大家都是樂活人
何必擔心別人來妒忌
想沿著笑聲訪尋那飄忽的身影
笑者已在笑聲之中隱翳

一五、葉在樹上飄

不慌不忙優雅地挪
不疾不徐輕盈地彈
彷彿晨起的舞者踩著柔美的旋律
四顧無人的草地上有人在翩然
若有所思的慵態
心中好似藏著深深地期盼

不是裙襬飛揚的狂野
而是湖面搖曳的波瀾
像淙淙的小溪輕慢地流出森林
迷人的丰采扶疏地將大地瀰漫
遠凝而無神的眼向前
有所遲疑的腳卻頻頻回返

葉習習地蕩
風清清淡淡
恬靜的大地有舞者喘氣的聲息
而舞者曼妙的舞姿已將空中填滿
我的髮在樹上飄
樹的葉則於我的頭上招展

一六、滯留的候鳥（白尾海鵰）

也許時空只存在於需要的地方
而生存才是唯一的故居
為了水源野草會把根爬入花園
為了覓食禽鳥可能飛進陌生的領域
難道只是為了三餐的溫飽
還是迷戀這野盎然的翠綠

展翼可以遮起一片小蔭
伸爪即能捕獲鮮美的魚蜥
芳蹤乍現的同時
守候的鏡頭隨即閃出美麗的驚奇
恬靜的青山澄澈的湖水因為有你
冷冷的空氣才有陣陣的暖意

冬天已經過了為何還不回去
春氣洋溢的故鄉親友正在等你
雖然習性依舊未改
然而太平山至石門水庫畢竟不是遠征的距離
誠摯邀請就此留下來
否則蔚藍的天空應該仍有你飛行的軌跡

一七、鳥在水上飛

白色的鳥在水面上飛
飛出朵朵出泥不染的小花
綠色的湖在白色的羽毛下靜定
靜定出一幅夢幻的童話
鳥在山與谷、天與水的石門水庫上展翼
湖則於點點的雪白中動盪如划

當鳥貼著水面滑行
成千上萬的翅膀於碧綠的湖上蹣跚
綠只能在振翼、收翼之間露出端倪
遍白叢中一簇綠的嫣然
沒有喧賓奪主的遺憾
只見自我懷疑的驚嘆

是偶然邂逅的興奮
還是久別重逢的纏綿
鳥像游絲續而又斷、斷而又續地飄
像波浪忽而向左、忽而向右地偏
一條沿著山谷逐漸蔓延的曲線
正在瞪出的眼上美麗蜿延

一八、與麋鹿相遇

孩子期待經年的禮物
是否當晚都能送到
該你上場的時候了
為何還悠閒地在這裡吃草
也許你想儲存足夠的能量
準備於重要的日子開跑

麋鹿在草地上吃草
草地被群山圍住
人立於草地上忘情地欣賞
有山有谷有人還有一隻遲歸的麋鹿
等距的美感張力十足
簡單的線條就是一野很美的畫幅

遠處突然傳來一陣風聲
麋鹿彷彿記起什麼承諾
正想詢問是否鈴聲的召喚
麋鹿早已自草地飛也似地穿過
幽靜的草地上沒有其他的東西
只有山有谷還有一個身在異鄉的我

一九、不只是朋友

伸出手來相扶持
穩穩地站在險峻的山巔
只是為了避免墜落深谷
把根釘入堅硬的盤岩
糾結而不糾纏地自然交織
每天迎向蔚藍的藍天

一樹無法成林
悅耳的鳥聲總是在森林之中合唱
一株只能撐起樹傘
難以蔚成一道綠色的長廊
如果風起
獨立荒野的樹有誰得以幫忙

環境是茁長的條件
群聚當然有其緣由
參差的森林只會顯得零亂
相同的類屬才能彼此屏佑
如果你是一棵樹
你就知道朋友不只是朋友

二〇、一個美麗的湖

——寫日月潭

盈盈的水彷彿即將溢出湖岸
粼粼的波盛起一座座綿亙的山
山在湖面上搖曳
水以溫柔的臂彎把山輕攬
糾葛的人事早已不見
而淒美的傳說卻綿綿纏纏

樸拙的山是古典畫派的傑作
不待修飾即已呈現濃郁的美感
澄澈的水是童話世界的天鵝湖
輕薄的霧已將一切的塵煙阻攔
如果遊艇畫開無瑕的湖面

療癒的湖水就會馬上把縫填滿

藍天碧湖相映的時空裡
遊者隨時都在圖中爛漫
脈脈凝視遠山與近水
想像可以無限地延展
拿起槳來輕輕地划動
圈圈的漣漪已將喜悅瀰漫

二一、如謎的山毛櫸

不是松卻長年與杉為鄰
不是楓秋來即已紛繁
挺立的枝幹直向蒼穹禮敬
扶疏的葉則常與雲霧為伴
冰河時期孑遺至今的原民
拔地而起群聚於太平山巔招展

無人到訪就享受自己
唯有通過考驗的人才能窺得驚奇
只要夠冷就是理想的故鄉
何必一定選擇遙遠的北地
鮮潔的葉不把天空遮蔽
偶而也想在陽光下伸展一身亮麗

等到秋風一起
冷冷的天氣是它熟悉的季節
委屈一夏的樹頓時抖擻
金色的光芒盡在枝頭明明滅滅
撿起一片落葉仔細端詳
古老的情景已於眼前昭然若揭

二二、佛拉明哥的響板

套在手上的響板
猶如兩副拍動的翅膀
沒有吉他配合也不用鼓來伴奏
清亮的音色是透明的雨在彈唱
多變的節奏是風隨興地吹拂
立體的樂音頓時如波如浪

柔軟的手輕盈地轉，轉出朵朵冶豔的花
恰與別在髮上的玫瑰相映
纖細的指靈巧地擊，擊出聲聲俐落的樂
已和腳下重踩的節奏相迎
無窮的聲音在有限的空間裡碰撞
點點的火光則彷佛繁花競妍的草坪

奔放的熱情自身上全面輻射
不絕的樂音齊於空中鼓盪
看甩動的裙隨著旋轉的舞步飛
聽豐富的聲湧自四面八方
忙碌的舞者不慌不忙而異國的心情徬徬徨徨
佛拉明哥的響板正在手上閃著光芒

第五章　二十行詩

一、雪　景

皚皚的雪將轉黃的草地覆蓋
整座山野只剩一片純淨的色
非黑非白澄澈的水
彷彿一條迷失方向的河

河左顧右盼似地一逕蜿蜒
兀自在白色的世界中踽踽獨行
喧嘩的人聲沒了
寧靜的雪地不需有人來提醒

天上的雲掉進水裡
水裡的白與岸邊的雪相映
天上的雲岸邊的雪水裡的白連成一氣
連呼嘯而過的風也失去了身影

一大片又一大片的白裡
有一波又一波的美感
相同的景中有不一樣的境
冬天的雪可以一看再看

冰冷的雪把思緒凍結了
景卻不停地在眼前放送
陽光依然有些模糊
但林立的樹木已經換上全新的面容

二、隧 道

自堅硬的岩盤蛀出一條地道
將聳峙的峰巒鑿穿
懸於壁上的照明不動不閃
彷彿夜間失去活力的星丸

美好的景物已被隔絕在外
洞內的車道又狹又窄
鎮日馳騁的思緒不見了
腦際一片空白

與其說是空白其實更像空洞
連一向匆忙的時間也心不在焉
猶如昏暗的長夜無止無盡
人於地道之中沒有明天

一彎又一彎的期待落空
柳暗花明只是想當然爾的視野
直到一縷微弱的陽光映入眼簾
才又重新回到亮麗的世界

僅短短幾分鐘
日與夜已經飛快地更迭
每天不停更迭的日與夜
原來就是人生漫長的一瞥

三、反芻

心中的美景在字句之間流轉
景裡歡樂的氣氛於紙上瀲灩
拿起筆來即有舊地重遊的興奮
滿懷的歡愉就在燈下的桌前

有景有情也有熟悉的畫面
有聲有色也有迷人的香氣
這種感覺是真實的曾經重現
也是置身其中美好的回憶

像牛將胃中的食物細細地反芻
像陪伴小孩反思自己懵懂的模樣
當筆下的世界與真實的情境相合時
誰還會被周遭影響

莫札特在貧苦中寫出曲曲輕快的音樂
貝多芬於耳聾之後譜成田園如畫的作品
痛苦最好自己默默地承受
美好的事物何妨大聲地歌吟

美麗的地方值得一去再去
夢幻的回憶可以一想再想
難忘的雲煙不應只是短暫的曾經
一支筆一張紙美景馬上可以大方地分享

四、似曾相識

沒有陌生的感覺
只見熟悉的驚喜
漫不經心地走在街道之上
我應該曾經住過這裡

一樣的景一樣的人一樣的小城
只是印象有些模糊
迎著友善的微笑
頓時覺得心滿意足

儘管改道原來的河依然記得
已經長大的小孩輪廓其實還在
彷彿不曾來過的地方
也許只是一時記不起來

夢想來到跟前反而有所遲疑
悲傷的消息時常拒絕承認
如果事實只是一時
多變的人世什麼才能叫做真

明朗的陽光裡洋溢著清新的氣息
錯落的屋前是美麗的花園
熟悉的境中有熟悉的景
我到底離開這個地方有多遠

五、雨下沉思

斜斜地飄又直直地下著
雨與雨的間隙太小了
如果想自雨中穿過
最後全身都會溼透了

溼透的衣服可以曬乾
風寒的身體可以恢復
若將雨視為揮舞的剪飛來的箭
只好一輩子戴著頭盔走路

也許人間真的太苦了
活於現實的人隨時都想逃避現實
人彷彿處於醒與未醒之間
從來不曾認真地開始

春天的花朵忙著綻放
風卻漫不經心地輕移慢挪
如把自己當做一名無足輕重的過客
人生就會像風一樣不著痕跡地飄過

雨停了思緒也靜下來了
人又重新回到真實的自己
亮麗的陽光雖然依舊
雨下的詩情則已長留在心底

六、祕密花園

——給梅娜

灑於葉上的光是花的笑容
吹過枝條的風是花的笑聲
已經成樹的花、已經吐露的芬芳
春氣到處飛騰

盛情的山茶為寒冷的天氣加溫
亮眼的花色為淡定的天空上彩
畫家只能想像的作品
已在這裡呈現出來

品嚐櫻的嬌顏又目送玫瑰的豔冶
花才吐露濃郁的芬芳隨即散逸

抬起頭來凝視彎下腰去低語
花前樹下有人經常在此徙倚

是誰把花種在這裡
招搖一樹又一樹青春的時光
是誰為了誰把青春留住
每天儷影雙雙

牽著妳依然年輕的小手
漫步於如夢的樹下花前
在山與坡、坡與地之間的祕密花園
沒有冬天

七、消失的小孩

張開如翼的雙手
從有點高度的斜坡上滑下來
身如輕舟而綠意如流
已經豁出的人卻驚叫了起來

看風箏在天上飄浮
朝飛鳥的去向追逐
奇異的眼光奇怪的表情無暇顧及
因為興奮的心早已跟著起伏

厚實的草地如茵如毯
且把身體平躺慢慢地翻轉
似曾相識的感覺油然而生
而熟悉的情景再次地回傳

解開長年緊扣的衣襟
放下時時握在手中的禮俗
說短暫的失態實在太嚴肅
只是不意於時光的隧道中駐足

沒有久別重逢的喜悅
只有遺忘已久的疼惜
原來以往消失的那個小孩
就在自己的心裡

八、迷途的笛聲

迷途的笛聲
在茫然無際的大地上飄
飄來隱隱約約的遐思
又給人莫明所以的虛緲

像斷了線的風箏在風中呻吟
聲聲都是吹奏者的心情
像才上屋頂的炊煙四處遊走
誰能閉起耳朵不去聽

如有心事何妨大方地吐訴
奈何還把情緒拋給大家承受
遠方飄來的聲隨意灑落的情
正在這個沒有月亮的晚上兜售

與其淒美於等候歸來的蘇蘭多
不如朗聲高唱可愛的陽光
少年維特的煩惱只是自作多情
濟慈的夜鶯才有美麗的嚮往

浮於空中的笛聲
何處才能找到你歸屬的夜
低下頭來覓尋
笛聲已經被風吹過了原野

九、上下火山口

火山口垂直地往下陡降
錐狀的洞中空無一物
蔓生的野草沿著洞壁由密而疏
接近洞底只剩黑褐色的砂土

站在火山口即有跌落的感覺
兩腳情不自禁地卻退挪移
陽光只向洞口周遭徘徊
亮麗與昏暗的情景每天照例開啟

抓著野草往下攀爬
彷彿瀑布的人體迅即下墜
當人沒入昏暗的洞中
猛然警覺應該注意自身的安危

橫躺於又狹又長的火山口底
火山口上的人們遠在隱約縹緲之間
洞內的聲音來回地碰撞
相同的話一連幾遍才得以傳達到洞沿

循著原路手腳並用
腳踩洞壁人浮於空中續續斷斷
直上紐西蘭奧克蘭伊甸山的火山口
晴朗的陽光依然照不到昏暗的彼端

一〇、二〇二〇詩組

1. 顫慄

早上醒來病例又增加了
疫情輿情民情沸沸揚揚
隨著病者噴濺的口沫瀰漫
人於遑遑不可終日的等待裡踉蹌

等待隨時可能降臨的災厄
到底何時會來
無邊的暗夜裡只能徒自屏息
對著晨曦應該裂縫的東方等待

一絲絲的希望裹著無窮的恐慌
恐慌在未知的領域無盡地蔓延

已然與茫然於眼前糾結
無奈是生活無濟於事的排遣

本來匆促的時間為何走得如此緩慢
還算寬敞的空間如今已經顯得擁擠
闊論的高談熙攘的喧嘩不見了
冷清的街道沒有半點聲息

人彷彿漂於海上的浮萍
無助地隨風搖擺
而如波如濤的災厄卻隱隱作聲
似乎馬上就會襲擊過來

2. 疫情下的羅馬

歷史的視覺彷彿永遠暫留
不絕的美感隨時呈現眼前
膾炙人口的傳說依然膾炙

羅馬的風采至今絲毫不減

少了人煙卻憑添更多滄桑
經典的建築還是巍峨聳立
已喧騰幾個世紀的競技場
如今卻只剩下孤寂的嘆息

是富家的子弟太過於天真
還是承平悠然的生活慣了
甜美的歌聲仍自陽臺響起
只是隱隱夾雜幾許不可測

從前連千軍萬馬都能橫掃
區區的小病毒又能奈我何
當荒忽的眼神一旦聚焦了
烏雲怎能把陽光隨意阻隔

3. 星星之火

不見盡頭的長路最長
期待天亮的暗夜最黑
風是冷的雨也是冰的
文明的自信不翼而飛

疫情的浪濤一波又一波
失足跌墜者一個接一個
只要離岸就能遠避風潮
然而誰能忍心把愛割捨

溺水時希望有根木頭漂浮
摸黑者只要有光就能出發
在瘟疫襲捲的漫漫寒夜裡
臺灣是星星是火是一座燈塔

就讓星星之火燎原吧
把溫暖灑向整個人世
我們的愛心永遠都在
閃爍的文明會更結實

一一、奧地利的小白花

不是民謠卻比民謠流傳得更廣
不是玫瑰卻比玫瑰更受人喜愛
花只長在高山岩石之間
它是奧地利堅毅的風采

簡單的音符蘊含深刻的情感
柔美的歌辭句句婉轉
每當小白花綻放旋律的芬芳
來自故鄉的遊子誰能不被召喚

雪色的白是愛情的表徵
絨絨的毛是無盡的叮嚀
攀爬兩千公尺尋覓它的芳蹤
只為證明對愛情的貞定

相傳住在阿爾卑斯山上的女王
每天唱著好聽的歌
誠摯的年輕人傾心的聆聽
花是女王為墜谷的他流下的不捨

只摘走花朵不要連根拔去
就像離開故鄉也切莫把故土忘記
且讓美麗的花朵在喜愛的土地之上
年復一年地將愛傳遞

一二、愛丁堡的軍樂表演

雄壯的軍樂將漆暗的夜趕走
悠揚的風笛畫破蒼茫的天空
愛丁堡廣場前的人聲鼎沸
鼎沸的人聲在進場的樂隊前瞬間結凍

延頸的觀者環著廣場擁擠
無數的眼有如天際的星不停閃爍
專注的人在狹窄的位置上仍然覺得寬敞
興奮的情於微冷的天氣中熊熊如火

耀眼的色彩在音樂聲裡紛飛
音樂於不斷變化的隊形上飄浮
精彩的表演也許只敍單純的故事
樸素的舞蹈則已表達生活的豐足

古老的文化乘著現代的文明新生
一致的整齊有著溫馨的情感
澎湃的軍樂將空氣震盪
而炫麗的煙火已把歡樂瀰漫

美不勝收的景不容銳利的鏡頭遺漏
聲不暇聆的耳希望裝進最多的音符
掌聲只是廉價的回饋
長駐於心頭才能表達由衷的傾慕

一三、可能會被拒絕的人

在歡樂的氛圍裡坐著
並不拿起酒杯
清醒的心也有幾分醉意
彷彿張翼的鳥想飛

好多的聲音在空中遊蕩
濃濃的酒氣於你我之間漫行
人在如夢似幻的醺然裡
逐漸沒頂

沒頂的人悠游於全是聲音的大海中
有時輕輕的湧有時撼起較大的波
一張張講話的嘴猶如一條條呼吸的魚
我在晃蕩的聲海中飄泊

看奔放的情熱力四射
瞧舉起的杯肆無忌憚
巴伐利亞的陽光都在這裡照耀
而啤酒節的歡笑早已東飄西散

盡情的看盡情的聽盡情的感受
僅只旁觀就足以情不自奔
何待直接參與投入
我是一個可能會被慕尼黑拒絕的人

第六章　二十四行詩

一、鳥聲

「咕咕咕」斷斷續續的響起
在公園深處的樹梢繚繞
又自迷濛的空氣中穿透出來
它是貓頭鷹就寢的熄燈號
以往鄉下破曉時的雞啼雖然懷念
但臺北很難聽得到

早晨嘹亮而帶著光澤的歌聲
是鶯穿梭林間自在的投射
立於枝頭輕快的吟詠

是雀左顧右盼的自得
而由上往下俯衝的長鳴
則是鷹對獵物強力的威嚇

貝多芬將鳥聲寫進田園交響的曲子裡
梵谷群鴉飛過麥田的嗓門畫中依稀可聆
高第長在地上的建築應該隨時都有鳥來和鳴
何必像屠龍浴血的齊格菲有鳥相挺
能從鳥的交談中得知更多的信息
只要一兩句鳥語就足以使心情放晴

上班的日子只能依賴鬧鐘作息
從不在意都市也有多情的小鳥鳴唱
如今想要享受難得的清靜
此起彼落的鳥聲卻隨時都在身旁
很想把所有的鳥聲收集
但熟悉的雞啼究竟在何方

二、擊 掌

尋常的微風沒有什麼特別
花朵還是頻頻地招搖
夜晚的星星只是閃爍
兩眼的視線早已往上調
熟識的朋友路上相遇了
怎能不擊掌歡笑

做完早晨例行的運動
學好一個較難的動作
遇到值得慶祝的事情
躍然的興奮如何表達才快活
即使在嚴肅的會場之上
舉起手來輕輕相擊也不為過

不要回想昨天以前的顧慮
顧慮沉入心底即可
不必急著明天以後的將來
面對將來無庸忐忑
美麗的世界每天都在眼前
美好的生活應該盡情喜樂

開闊的心胸可以將雲天收集
滿腔的熱情何須深藏不露
就是愛擊掌
愛將喜悅一起與人當場享受
有你有我就有歡樂的笑聲
且任歡樂將生命挑逗

三、角　度

站在街上往前看
地球是平面而非球體
正面的背後會有陰影
陰影之中可能產生神鬼的懷疑
如果活在這個多疑的世界裡
心靈的信仰必須堅定不移

建築的正面通常金碧輝煌
唯有側面才能看到真正的立體
線條與輪廓分明清楚
每個側面都有自己的情意
正面有如正待展銷的預售屋
側面則像地上渾然的巧藝

俯視深谷的山一定陡峭
度過黑夜的天必有晨曦
圓形的球體切面雖然平坦
還是無法自地球分離
如果事物都只有一面
天際的船隻為何最後消逝了蹤跡

正面看待的人未必光明磊落
側面觀察才能看出彼此的同異
人須擁有一雙靈活的眼睛
因為這個世界真的很美麗
不同的角度瞧見的景色當然不一樣
何況地球是一個圓形的球體

四、狹縫

躲至避風的港灣
在如波如潮不停拍擊的繁忙裡
硬是切出一個下午
寫一篇文章看一幅畫吸一口空氣
人彷彿身處狹縫中的幼苗
倔強地自水泥牆上迎風搖曳

為了生活
每天孜孜埋首於桌前不得清閒
耳際除了筆觸稿紙的沙沙聲外
沒有怨言
置身於參考書層層阻絕的世界中
了無人煙

歲月在匆匆的時光中飄浮
青春的生命逐日揮發
一條路走就對了
既已選定方向何必再歧岔
坦然的心甘之如飴
除了工作很少慮及其他

睡得比月亮還晚，起得比太陽還早
真的不是笑談
朋友很難理會
對我來說卻點滴都在心坎
儘管只是一隅又細又窄的狹縫
倒也讓我瞧見不少明麗的晴藍

五、退休了

任昨日的顧慮隨著氣泡消散
讓敞開的心胸整天空著
手持一杯香檳
與優遊的雲彩一起喜樂
煎煮炒炸的考驗過了
追趕跑跳的經營遠了
海已闊天已空人已退
只剩頑皮的風到處招惹

年少的歲月可以大方揮霍
但真正的青春老了才懂享受
沸騰的熱情可以即時放送
但由衷的心意此刻更能牢守
經過生命長期的釀造

滴滴熬入風霜的美酒早已熟透
刻正閃著柔美的光澤
金黃如綢

不再匆匆的時光自有無限時空
不受羈勒的生活足可細細調控
幾許逐漸熟成的青澀
都是一幕幕美麗的行蹤
幾多還算圓融的幼稚
早就成為茶餘飯後的內容
當蓊鬱的森林已經穿越
翠綠的原野則正欣欣向榮

六、聽音樂

聽，音樂是一個個展開翅膀的音符
又整齊又錯落地在五線譜上升降
讀，音符是一節節自然彈奏的音樂
聲聲都在紙上悠揚
對我來說
音樂是聽與譜、讀與樂相呼相應的美麗徜徉

曲子只消聽過
精靈也似的音符即能隨口讀出
聆賞美聲歌唱
歌曲早已還原成一組組美妙的音符
至於常被聲嘶力竭的歌詞
則很少注意它在說孰

高歌一曲以自我陶醉的卡拉ok
並無雅興
每當古典的樂音響起
紛繁的心即如雨後的晴空霎時靜定
熱力四射的眾樂樂雖然熱鬧
但我唯願與樂同行

沒有音樂，彷彿沙漠的人生肯定難耐
不哼歌詞，甜美的旋律反而湛然
無緣進入音樂的殿堂一窺究竟
也許也是一種遺憾
如今一想滿園的花朵已經目不暇給
何必再在乎那過眼的煙嵐

華文現代詩22期、二〇一九年八月

七、山坡一景

為滿眼翠綠的山野塗上一點色彩
為全然本色的自然增添人文情趣
只在草木缺席的地方
渾然的美麗才寫下美好的字句
置身小屋之中
卻如同處於空曠的天宇
它不像人為搭蓋的建築
思想可以在此展開毛羽

風從窗戶緩緩地來去
雨也費心地幫人打理
如想唱歌音域可以很廣
如想畫圖到處都能提筆
狹仄的小徑有如曲折的小溪

自斜坡的草地上不徐不疾
無遮的視野能與山下的人家相鄰
每天如在舞臺之上則是小城的點滴

沒有頭腳相踩層層相疊的擁擠
沒有如臨斷崖高樓聳峙的險峻
有時輕鬆地與風對語
有時橫躺草地撥弄天際的浮雲
一向把臉緊繃的時光
此刻也泛起滿天醺然的紅暈
只怪四下寂寧的黃昏
牧者的笛聲久久無從覓尋

八、處處有景

農者對於蒼翠的草原
並不覺得有什麼特別
漁者一生都在海上捕魚
很少想到要將美麗的波浪特寫
如果只是司空見慣
人們總是習以為常地加以輕蔑

手腳並用穿越險地的攀
盼能一睹稜線之上的視野
只要提起北極的風物
馬上想到極光的世界
難得一見的景人人渴望
即使窮探遠訪也不惜心血

野草不美卻有盎然的生意
雜樹不挺常有成型的枝葉
新奇可能是旅遊的動力
但唯有心喜才能使紛雜的頭緒停歇
於大街小巷穿梭的你
何不對兩旁的路樹投以關心的一瞥

晨午昏夜每天轉換
春夏秋冬年年更迭
一樣的景有不同的情景
不同的情景卻一樣的和諧
當冰河大方展示瑰麗的雕塑時
腳下的綠意也悄悄爬上了畫帖

九、住在景中

湖面偶有黑色的天鵝飛越
湖波一直都在風景明信片中起伏
沿著湖畔修築的小城
時常是鏡頭不肯遺漏的畫幅
奧地利的小鎮哈德施塔特
誰能否認它是旅遊重要的地圖

只要一接觸馬上就融入
走在這條通往夢幻的小路
悠閒的旅者忙著把美景撿拾
恍如童話的村落三五成伍
一條路一片湖幾座不知名的山峰
簡單的景正是你我一生的追逐

住在這裡
自己就是景中的一小塊拼譜
外地新奇的事物雖然不少
但怎能比置身於景中躊躇
如想透透氣
打開窗戶即能心滿意足

看絡繹不絕的人前來朝聖
聽不絕於耳的聲句句飛舞
人在自然的景中生活
一天的生活就是一趟美麗的旅途
如能找個好地方住下來
只消幾許清風也會覺得很幸福

一〇、一個海灣

——寫七星潭

眼慢慢地移
心顫顫地轉
說它是夢，其實是景
說它是景，它又如夢如幻
一紙令人驚豔的畫
一弧張力十足的灣

沙石灘上有相互追逐的浪
浪中有貪玩的石盤桓流連
水與灘難分難捨地兜在一起
海與天湛然如洗而上下相銜
一處似乎已被遺忘的淨土

每天都在這裡呈現

早晨迷濛如紗的霧輕籠頭上
像火燃著即將融化的雪則是傍晚
雲彩在水裡成群結隊
擁擠的海面只容得下單行的眼探鑽
誰能瞭解曾經翻騰大洋的海水
竟然迷戀這個弧形的小灣

大小剛好的風陣陣吹拂
只給提醒而不將美麗的夢驅散
寧靜的海灣只有風與浪在呢喃
不遠的山上才能看見荏苒的山嵐
崇尚奢華的人可以在此放心地揮霍
因為再深的欲望都能用景填滿

一一、莫爾道河

行經幽壑穿越峽谷的河
自波希米亞的森林一路迤邐
狩獵的歡呼號角的長鳴依稀可聞
上帝的戰士夏爾卡的傳說則已無處尋覓
沿著時光之河踩在陽光之下
高聳的歌德宏偉的巴洛克壯麗的文藝復興依然矗立

寬廣的河足以容納異樣的文化
現代的文明更將歷史化為美好的記憶
沒有負擔的人最輕鬆
不被標識的河最可喜
往日的輝煌雖然曾於河上閃著光芒
如今河只在綠綠的草原與粼粼的水波嬉戲

像琴弓一拉到底的音柔美滑順
水是活潑的流是輕快的河異常的寧謐
樸素的河沒有刻意的裝飾
起伏的浪有如波希米亞舞動的裙翼
布拉格的春天早已來到
自由在河面上瀰漫著蓬勃的生氣

流經歲月的河悠悠地流著
橋已老事已多來訪的人也迥然而異
唯獨河依然如昔
以潺潺的聲為音用款款的水比擬
多情的史麥塔納多事地把它譜寫成曲
於是河的美麗從此讚聲四起

一二、尋找記憶

走在從前行經的路上
吹著當時輕拂的微風
尋找記憶
熟悉的陌生裡有時間喧嘩的聲
而不曾改變的印象卻在眼前的陌生裡
逐漸裂崩

是因長期的剝蝕而失去光澤
還是新的色彩已經加以取代
如果過往的曾經也可以改變
人世還有什麼永恆值得信賴
也許只剩東升的太陽
每天必須遵行的規則還在

踏上又寬又平的柏油路面
如何尋得互踢石子的玩伴
拿起似乎缺損的記憶修補
新的記憶已將有限的容量佔去大半
一心想要回到過去的人
起伏的情緒開始瀰漫

我彷彿意欲返家的鴿
沿著珠絲馬跡逐一辨認
又像翻找古物的收藏者
想從既有的現在嗅得一點熟悉的香芬
只是當年栽植的小樹苗
如今早已成行成陣

一三、重新來過

不見判定金蘋果引起特洛伊戰爭的牧者
只聞牧神潘悠揚的排笛聲就在身旁
不屑使神愛馬仕染血的金羊毛
只喜星散草地的綿羊閃著光芒
沒有動人的故事卻有動心的情景
一個綠色的農場

是誰把綠鋪滿整個山頭
鮮潔如碧地到處蜿蜒
是誰把時間停擺
景景盎然如昨地來到跟前
一樣的白雲一樣的藍天一樣的綠地
都在這裡纏綿

一樣的景裡有不一樣的情
不一樣的情中藏著永恆的記憶
多少孩子的歡笑始終迴蕩
多少相偕的快樂重現眼底
當青春隨著年華逐漸褪去
唯獨清境依然如昔

單用皮膚感覺就是享受
如果將眼張開則是幸福
人在寧謐之中
心自煩熱逸出
美好的憧憬頓時成形
因北歐清冷的氣息可以在此吸吸吐吐

華文現代詩22期、二〇一九年八月

一四、暫時停格

景細細地看
氣深深地吸
像蔓生的草不必長在一定的地方
像溪中的水流向想去的大地
即使只是短暫的停格
也能將愉悅的心情傳遞

讓風吹走沒有來由的懸念
把必須如此的思緒壓抑
波湧浪滾的悸動沒有
心中一片愜意
繁忙的歲月悠悠地過了這麼多年
唯獨這兩個月屬於自己

鎮日都是時間
時間彷彿到處瀰漫的空氣
從前必須掂斤估兩
如今想做的事情不必再分輕重緩急
人猶如坐在斜坡之上的牧者
每天快樂地數著綿羊談天說地

遊手好閒的人只好得過且過
匆匆促促地活實在可惜
休息只是為了調整腳步
微曲著膝才能穩定身體
如果不在人生的道上走走停停
那能欣賞沿途的驚奇

一五、即起即行

如果春臨的梢頭不綻新綠
樹木到了夏天如何蔽遮豔陽
如果風來了湖水沒有動靜
湖面的波怎能粼粼地蕩漾
什麼時候才要做什麼
什麼都未做時新的什麼又開始想像
人在想像之中過活
再偉大的抱負也只能幽在心裡盤翔

伸出手來掬取
溪流立刻上前補滿
揮手將霧驅散
新霧隨即到處瀰漫
決定也許只在一瞬之間

錯過只能存放於心坎
更多的頭緒又有更多的一瞬
即起即行才能避免徒然想像的浪漫

極光很奇妙
但須親臨北極才看得見
日出很耀眼
倘若不能早起只能暗自豔羨
有所期盼的等待雖然很美
生命卻在等待之中悄悄地消滅
昨日的花朵可能已經凋零了
心中的嚮往最好今天就實踐

一六、返家途中

是自己的小孩就不覺得醜
回故鄉的家怎麼會嫌遠
幾個鐘頭的時間幾百公里地跑
愉悅的人好像即將進入桃花源
何況風在車旁叫雲於天上笑
還有兩側的美景可以任你選

看各國的科技互相競技
品各家的工藝各自獻藝
筆直的國道一路暢行
人坐於車內彷彿擁有雙翼
車在馳騁眼也在飛翔
如果前有阻擋即改道閃避

向後傾倒的樹一排排
忽遠忽近的山始終相伴
綠沿途湧起陣陣的浪濤
路直向無法望穿的天際開展
一心朝風追逐的人
此刻頗有逃出臺北的快感

綿延的山巒過了
寬坦的平原馬上自車前擴散
一景猶勝一景的感動使人情不自禁
一彎又一彎柳暗花明的氣象更是浪漫
廣闊的天地裡有一顆雀躍的心
當車經過鳳凰花前心也回到了臺南

一七、家庭聚會

——岳母張蔡碧月母親一年一次的聚會

好久好久沒見面了
太多太多的話要說
每一張嘴都想講話
話只能自話中狹窄的縫隙穿過
如果不敢勇往直前
只能靜靜地聽別人說

每一張臉都想仔細瞧瞧
想瞧的臉卻只能匆匆地一眼
正在注視的焦點還沒看清楚
新的焦點又出現於眼前
只有一雙眼睛的人

卻想看遍場中所有的臉

聲音猶如不受規範的水流
在空氣中到處漫溢似地飄蕩
眼睛彷彿不停閃爍的星星
刺眼地投在每一張熟悉的臉上
忙著講忙著聽忙著看
整個會場匆匆忙忙

陽光照不到的地方有溫柔的慈暉
沒有擺飾的室內從前的小樹已經把它綠化
最美的視野是那一頭白髮
最好聽的聲是緩緩無限疼惜的話
看大家的臉聽大家的話
母親早已笑出一朵朵美麗的花

一八、鐵道腳踏車

看兩旁猶未改易的從前
將已經不被污染的空氣吸飽
除非上坡路段的電力不足
否則不用苦惱
帶著突破禁忌興奮的心情騎乘
在舊時火車行駛的軌道

隆隆的機器與汽笛聲已成絕響
只有幾隻麻雀站在木杆上爭吵
頻繁行經的火車不再
眼前只見三五成群多事的人潮
至於一出隧道即面目全黑的情景
已經不是困擾

龍騰的橋老早斷了
但火車依然於心中的軌道奔跑
到此必定爬坡的氣喘聲
如今都在遊者橫飛的口沫上成泡
勝興忙進忙出的木造車站
經典的古意則殷勤地將它繚繞

人坐在車上滑行
心卻於歷史的幽情中拋錨
念舊的人懷著返鄉的心情
想在曾經的熟悉裡翻找
除了蔚藍的藍天與翠綠的綠地之外
還有並不陌生的風輕輕搖著樹梢

一九、在瀑布頂上

像小孩想吃不被允許的甜點
既期待又顧忌地站在崖上
怯怯地把腳向前挪移
像雛鳥逕自走出巢房
展翼旋即收攏似的退回原地
唯恐小小的身體掉落受傷

沒有俯瞰群壑悚然而止的恐懼
只有深不可測不得逾越的提醒
親近孺慕的渴望儘管強烈
壯闊的水轟隆的聲卻已心如漂萍
在諸水匯集的尼加拉瀑布上頭
欲前還停

不是如江如河的寬，而是如海如洋的大
天與地都在五大湖的湖水中擺蕩
不是如傾如倒的縱，而是如崩如坍的墜
彷彿翻過山頭的颶風勢不可擋
每到冰冷的冬季
瞬間凍結的霧氣更是大地絕美的收藏

也是一般的水卻有無窮的驚奇
只有單一的色卻能幻化各自的風情
搭船遊瀑的人僅能感受短暫的刺激
何如沿著岸旁拾級直上瀑頂
在眾人抬起頭來齊聲讚嘆時
有人獨於瀑布頂上大方地接受禮敬

二〇、我有一塊地

抬起頭來隨白雲優遊
滴下汗水去滋潤大地
陪著蝴蝶逐朵探訪
伴著蜜蜂把情傳遞
在這塵煙不到的大花園裡
只有自己

想種什麼就種什麼
想栽那裡就栽那裡
匆促的歲月在此從容地流淌
美麗的四季每年繽紛地更替
久久才會傳來幾許車聲
提醒自己還在這個世界裡

有花有草有蔚藍的晴空
傍著山坡寧靜地與人家相倚
閒餘拿起雪萊的詩集翻閱
聆聽雲雀的嗓音清亮響起
且讓紅河谷甜美的旋律
在我心湖輕輕蕩逸

不是農者卻須用筆耕植
每天辛勤只能對著一隅牆壁
偌大的世界應該何去何從
還好還有這片屬於自己的天地
雖然不大卻有輕柔的微風吹拂
漂泊的人從此可以卓然挺立

二一、與自然有約

昨晚才剛吐露的蓓蕾今天綻開了
凋零一季的枝條已有新芽萌與
花是美麗的誘引風是辛苦的報償
一樣的景物有千種萬種的風情
工作雖然疲倦卻不覺得厭煩
四季與人有約似地分明進行

腳踩在彷彿畫布的田畦上
手拿起鋤地的筆抹抹塗塗
人於花與樹之間穿梭
樹與花已在人前自然成幅
人間的聲色這裡沒有
這裡的繽紛人間難以目睹

喝一杯茶讓熱氣陪著山嵐氤氳
端起咖啡使和著花草的芬芳漂流
靜得一無所有的森林有透明的遐思
綠得理所當然的草地常有詩情逗留
置身僻處一隅的大自然裡
想待多久就待多久

眼沿著盎然的綠意恣意漫行
情隨著清新的空氣悠然搖曳
過去現在未來同時齊聚
文學藝術音樂整天迤邐
如果還有什麼欠缺
那就是幾聲清亮的鳥啼

二二、秋收後的農田

一團團綑成方塊的稻稈
隨意散落在已經收割的田裡
從前此起彼伏的綠濤不見了
遼闊的原野洋溢著滿足的氣息
農者將秋收的喜悅帶走
卻把整片的美景留在這裡

一排排工整的殘根
猶如一叢叢才剛播種的稻麥
人在稻麥的間隙中漫步
美麗的畫面卻從四處飄來
金黃主宰的世界
滿眼都是歡樂的色彩

米勒畫中的拾穗者仍然撿著麥穗
當時的情景依稀浮現於眼前
在一樣的秋熟一樣的風情裡
突然多了一分淺淺的悲憐
如果辛苦的工作是對大地的禮敬
秋臨的豐收則是對自己忠實的檢驗

縹緲的遠方應該傳來的鐘聲
到底被風吹到那裡去了
虔誠的人走在寧靜的田野中
耳畔響起一曲曲頌讚的聖歌
遙望逐漸昏暗的天色
一顆星星迫不急待地竄出來了

二三、解與不解之間

以爲瞭解而相信別人一定不解
得意的當下是否想過
別人可能比自己更瞭解
就像已經長大的孩子
父親從未正眼看待
仍然呵護地隨時叮嚀告誡

自己不解相信別人應該也不會瞭解
是以無知取笑別人的不知
那能曉得別人是否瞭解
就像左衝右突的年輕人
寧可放棄也不願意提問
且把經驗的建言視為囉唆的喋喋

自己不解卻不承認別人能夠瞭解
擺個樣子心虛地掩飾自己的無知
讓自己蒙在鼓裡而別人笑在心裡
就像比賽失利的選手
只會怪東怪西怪場地
從不反省不如別人的車技

不言可喻未必人人皆知
只能意會其實等於沒講
無以言喻更是能力不足的推託
不管解或不解
自以爲的人總是輕蔑相對
手腳是否已被看破以後再說

二四、都市中的公園

如果鱗次櫛比的樓是大小不一的山
公園就是一座明澈的湖
湖裡有綿密的草地如水
水上有散置的椅如舟櫓
每當風起
人即於怡然的舟中漂浮
隨時洋溢的歡笑與鳥鳴合唱
而漸行漸遠的車聲則顯得模糊

有天有地還有清新的空氣
置身湖中可以倚可以走也可以什麼都不做
隔著猶如櫥窗的樹籬往外看
繁忙的街道彷彿多變的展所
當梢頭的綠互相競逐

春神的畫中就會綻放美麗的花朵
一到黃葉相繼凋零
何不彎下腰來撿拾即興的詩作

湖畔有燈湖卻不與月爭輝
湖中有樹湖卻不與天爭奇
湖上有人湖卻不教人爭雄
如湖的公園能將如波的情緒平抑
它是生命途中的驛站
也是群山萬壑的谷地
即使委屈地僻處於一隅
都市的人們卻都能在這裡喘息

二五、故鄉在音樂中

人類真正的故鄉在東非大裂谷
生我育我長我的世居地是臺南的佳里鎮外
容我長期優遊的宿舍位於臺北的麗水街上
怎能忘懷
然而每當古典音樂的樂音響起
想像的翅膀總是特別地輕快

不只是想像而是真實的感覺
感覺置身於想像真實的世界中飛行
沒有今昔也沒有距離
時與空的邊線消逝於無形
美好的旋律裡有我熟悉的嚮往
嚮往的路上時時都有美麗的風景

韋瓦第磅礴的鐵砧合唱
可以參與吉普賽人即將上工的晨起
史麥塔納優雅的莫爾道河
使人沿著河畔品味恬靜的欣喜
柴可夫斯基輕快的隨想曲
則在嘹亮聲中瞧見明媚的義大利

名畫的色彩超越天地的顏色
名曲的音符將與人心同步
好聽的樂曲是一首詩一幅畫
有詩有畫的地方才能長住
沒有故鄉的人不知何去何從
而不解故鄉的人只能萍漂到處

二六、維也納新年音樂會

不以雞鳴而以曼妙的音樂
不僅一日而拉開一年的序景
展翼的音符猶如一朵朵金色的花朵
柔美的旋律好像一道道閃耀的文明
晨起的號角從華麗的音樂廳飄送
新春的太陽則於典雅的維也納甦醒

滿懷的興奮在臺上放情揮灑
歡樂的氣氛自專注的眼神蔓延
步伐輕盈踩著悠揚的樂音起舞
樂音悠揚飛入暢快的人間
彷彿多瑙河優雅的波浪
翩然流經你我面前

一年一位最知名的指揮
年年都能呈現當代絕頂的藝術
相同的時間散播一樣的喜悅
歲歲都以開朗的心情開啟希望的新圖
本來只對國家表達忠誠的音樂會
如今整個世界都隨著樂音欣然舉目

沒有鍾情於圓舞曲的史特勞斯
怎能得知什麼叫做美麗的人生
沒有鳥啼的原野應該還能聽到蟲低鳴
但如果少了維也納世界那有多彩的夢
當你行經樹木成蔭的自然
維也納森林的故事是否曾於心上隱然成聲

二七、一個倒退走路的人

——寫晨間在運動場上倒退走路的許明吉兄

向前走只能亦步亦趨地跟隨
人前有人、人前的人前還有更多的人
一路只能望著別人的背影
如果轉過身來面對後頭的人
則是領航的引導者
人生的百態將在眼前清楚橫陳

也許嫌消逝的時光太匆促
於是倒退身體走路
想逆轉一去不回的時光
將僅存的青春攔阻
美麗的人生實在太精彩

怎能讓無情的歲月把它模糊

幾許異樣的眼光是偶而吹拂的輕風
幾聲私下的耳語是突然迷途的雨滴
風風雨雨的人生每天風風光光
何用回過頭來一起披靡
天空不因白雲而改變自己的顏色
群嶺也不會隨著山嵐而到處飄移

沿著慣性的軌道雖然輕鬆
其實只能千篇一律地過活
倒退走在前頭的人或許孤獨
從後追隨的人卻很多
然而後腳才剛往前移
時光已自前腳輕輕踩過

二八、與查拉杜斯屈拉對話

既定的禮俗依然掌控
麻醉的道德使人容易進入夢裡
查拉杜斯屈拉這位走出洞外的智者
世人時常把他的話當夢囈
更有太多聰明人提出自以爲是的主張
於是街上到處充斥著真理

人應重訂自己的價值標準
但現實中的標準卻人人各不同
人應追求屬於自我的境界
但自我早已被習以為常的世俗掏空
形如泡沫的真理每天呈現短暫的炫彩
智者苦心孤詣的言語還有誰願聽得懂

走暗路時常會吹口哨壯膽
依賴信仰才能挺立於天地
然而上帝不在的世界
各地的山頭早已林立
走下山頭大聲疾呼的智者
還有什麼能夠讓你更生氣

太陽如果沒有萬物可以照耀
太陽那有偉大可言
智者雖然想將眾人逐一點醒
人們反而回過頭來嘲諷連連
查拉杜斯屈拉孤獨地走進人群
結果只能孤單地落個大清閒

二九、聽濟慈與夜鶯的對話

停於枝上觀者就把頭舉高
隨口啼叫可能觸動多感的心靈
尤其在月下寧靜的夜晚
更能贏得歌者的美名
為何喜歡牽強附會的人們
總是如此自作多情

天空飄浮的雲是悠然的心
小溪流動的水正自呢喃
美好的聲入耳就是樂
美麗的景眼見成美談
如果事事都要弄個分明
迷航的船隻怎能找到避風的港岸

動聽的聲與話中的意未必相應
姣好的外表與實際的內涵有時會乖忤
每天開口嗚唱只是為了想表達
人們何必把它視為悅耳的音符
言者無心卻被賦予莫名的意義
誰能瞭解個中的辛苦

不是我嫉妒你的快樂
而是你的快樂使我感到非常的歡喜
像濃郁的咖啡藏著美妙的戀歌
像綠色的茗茶如處森林的夏季
我會選用最美的言辭
將你甜美的歌聲逐句翻譯

第七章　其他

風中的樹葉

微微的風把樹輕拂
幾片葉子煞有介事地飄搖
飄搖的葉彷彿懸於樹上的小鈴鐺
儘管已經用力地敲
也只像來自遠方的聲音
只能細細碎碎地淡寫輕描
淡寫輕描的聲響在晴朗的天空裡
人也隨著飄飄緲緲

陣陣清風吹著樹葉
樹葉好像被人搔癢逗弄
樂不可抑地於枝上迎風亂顫
亂顫的葉在陽光裡隨意閃動
綠與光忙碌地交相迸射
是春夏秋冬的美景迅速放送
還是各地的風情同時都來到跟前
整個天空熱鬧哄哄

有時風從樹梢往下吹襲
不同的枝葉簇聚著各自的樹傘
由上而下依次披靡
一朵朵頂不住風的樹傘
好似一波波前後推擠的綠濤
直向地面肆無忌憚
而枝葉之間若隱若現的樹幹

則像置身事外的岩岸

如果風將整棵大樹搖撼
枝葉形同一座即將倒塌的綠牆
儘朝相同的方向傾斜
好像裝有彈簧的綠牆
在即將坍圮忽又不甘地彈起
而被風甩動的樹幹踉踉蹌蹌
恰如一頭已被激怒的野獸
又上又下地對著天地狂嗆

純淨的綠
在陽光之下閃著亮麗的光澤
一棵棵隨著地勢起伏的樹
形成一首首旋律抑揚的自然之歌
尤其經風吹拂的葉

明與暗翻滾的美感更是奇特
原來風為樹代言光為樹上彩
而綠本身就是繽紛的原色